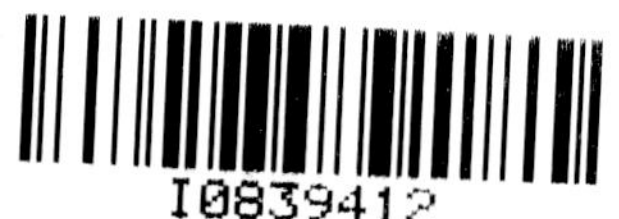

Coloring book for kids letters coloring book for all ages kids

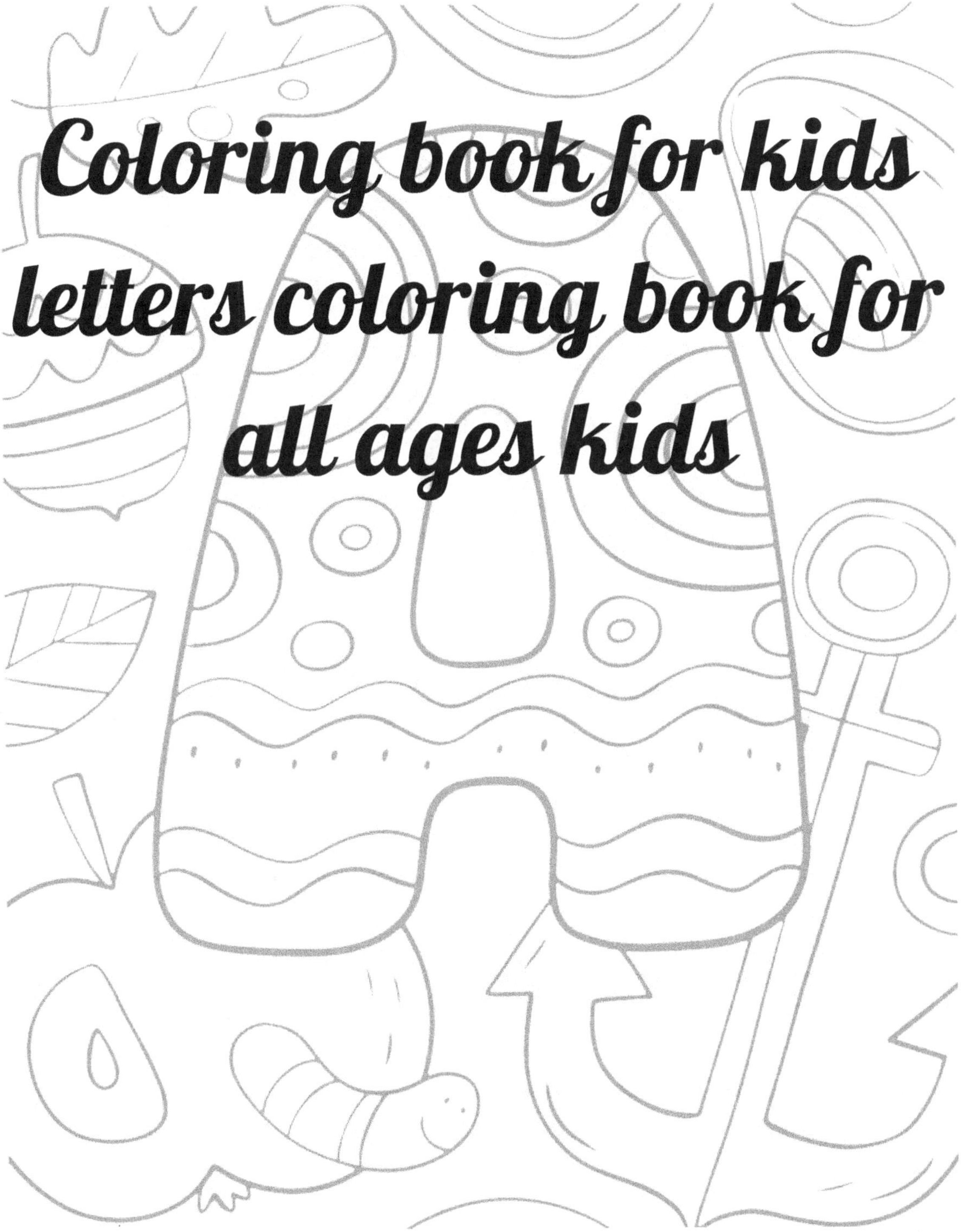

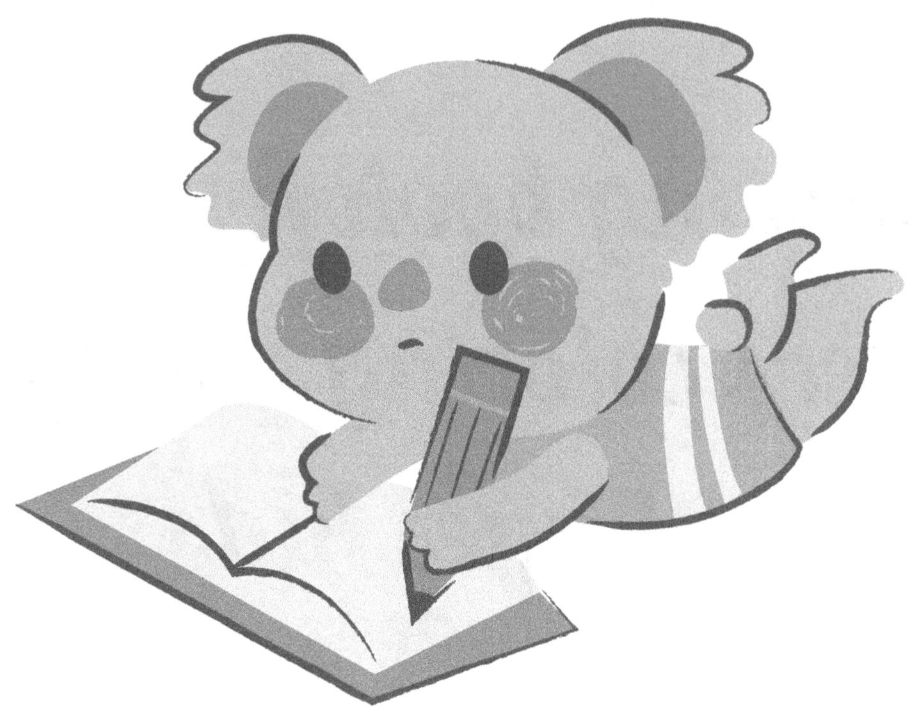

This coloring book is belongs to

____

____

____

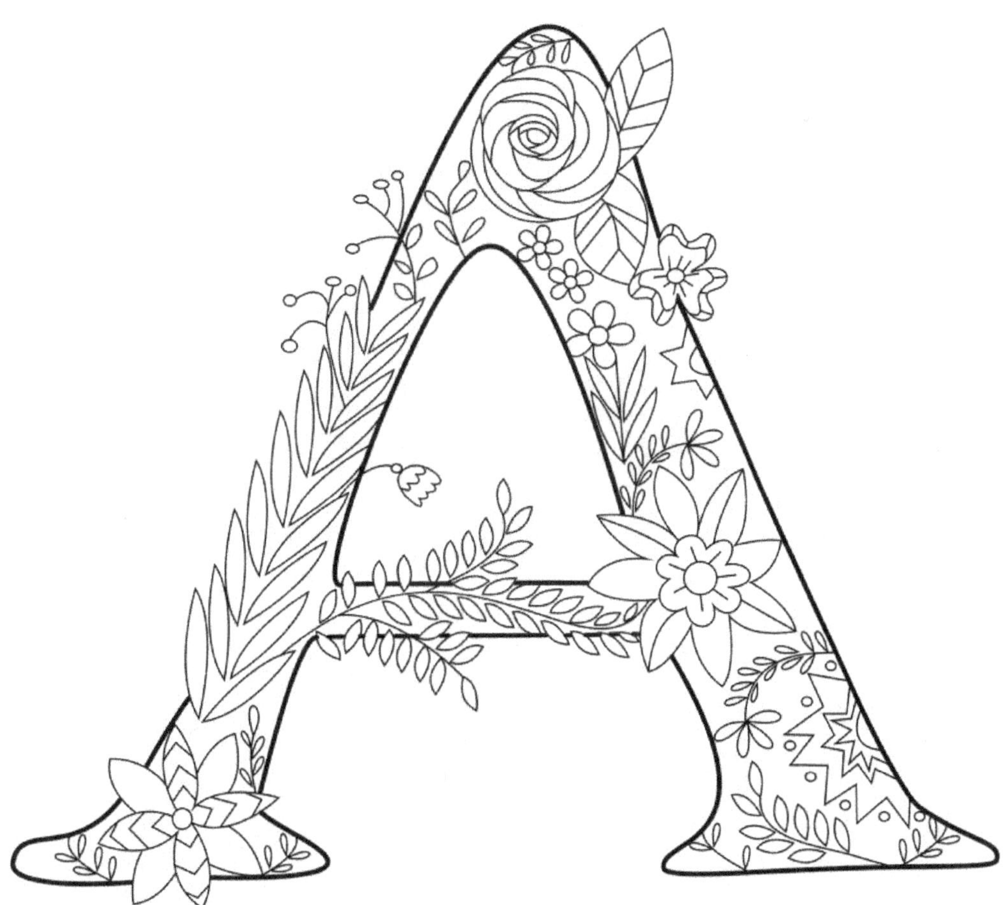

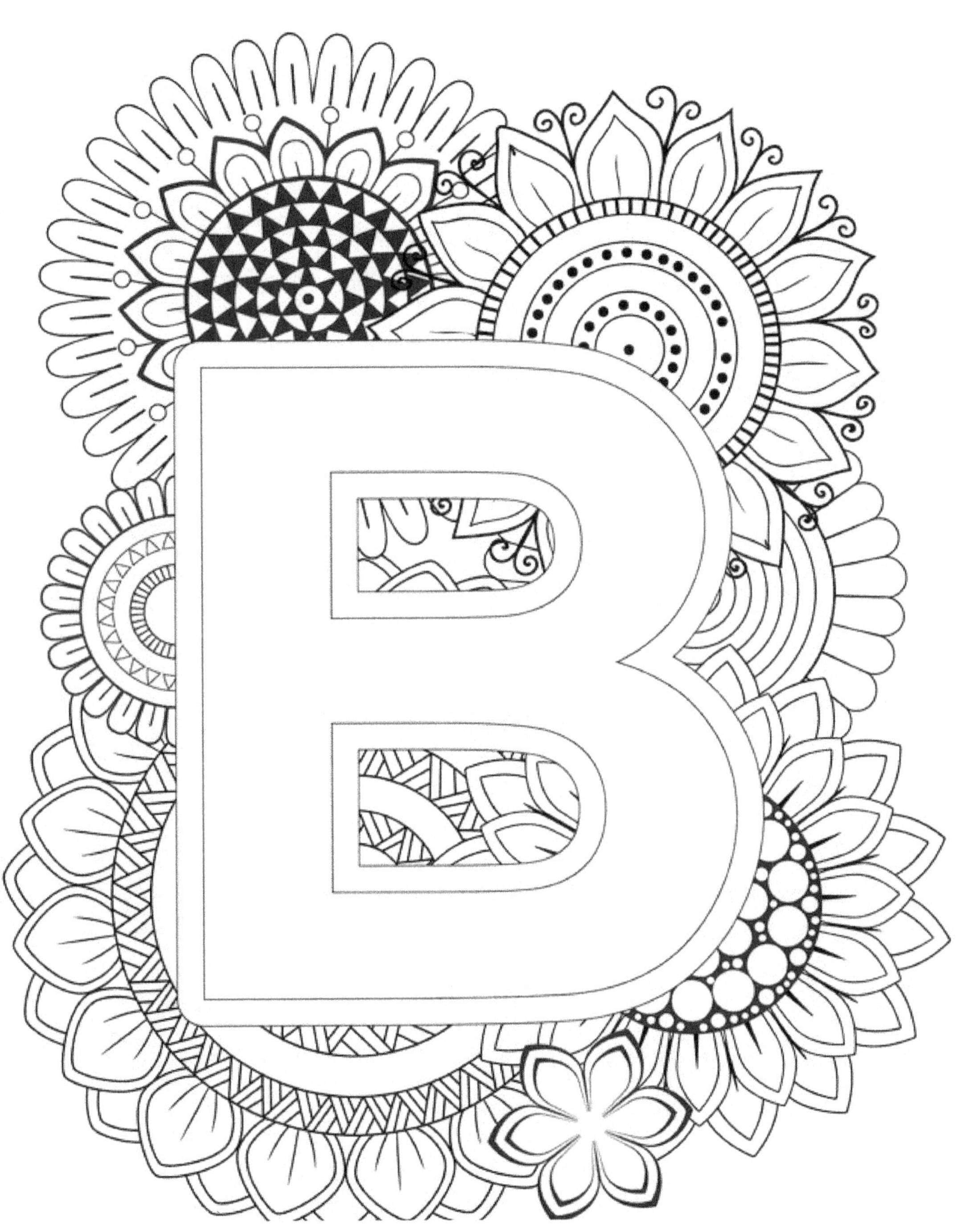

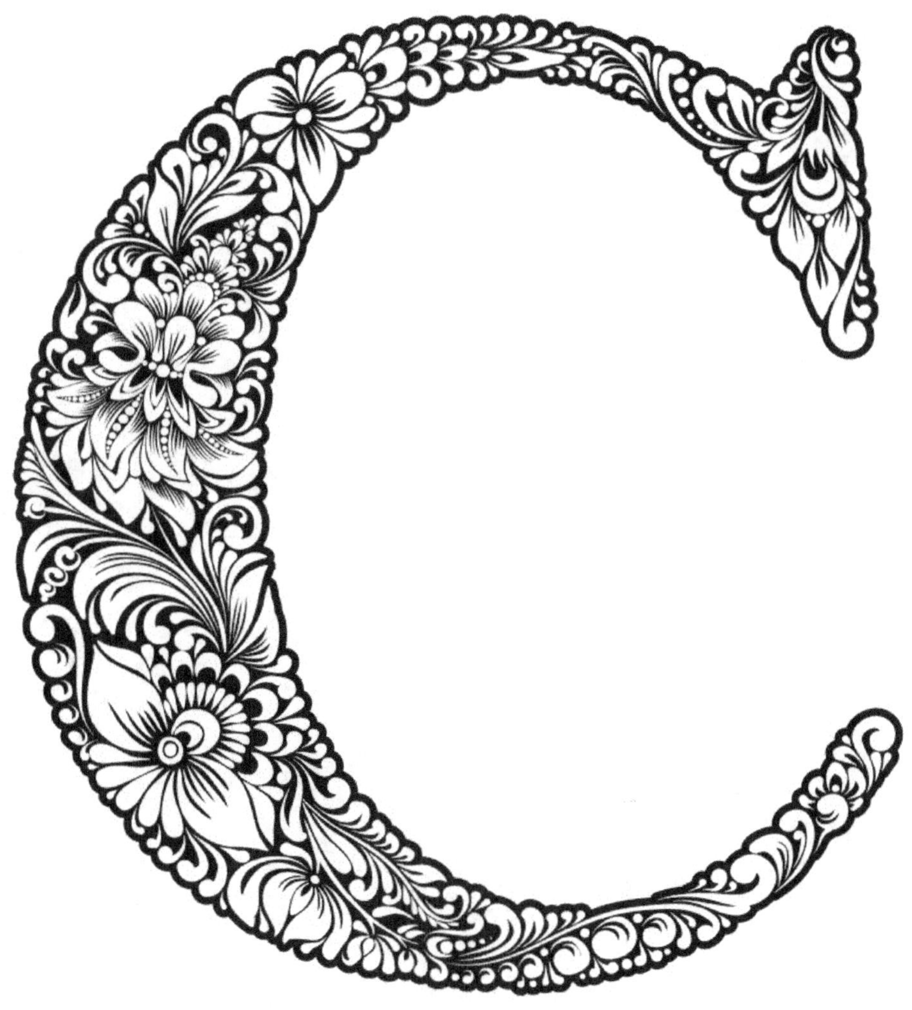

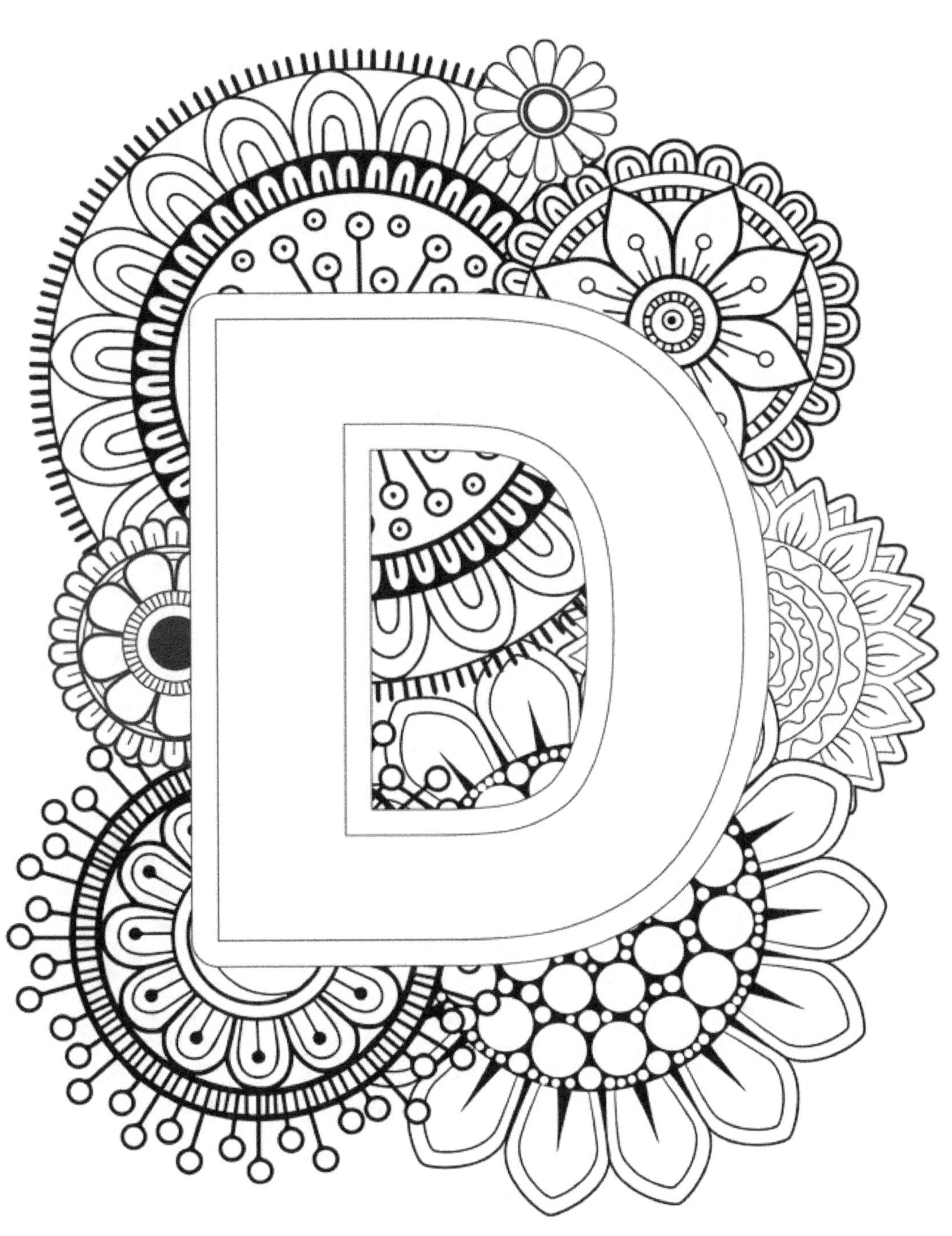

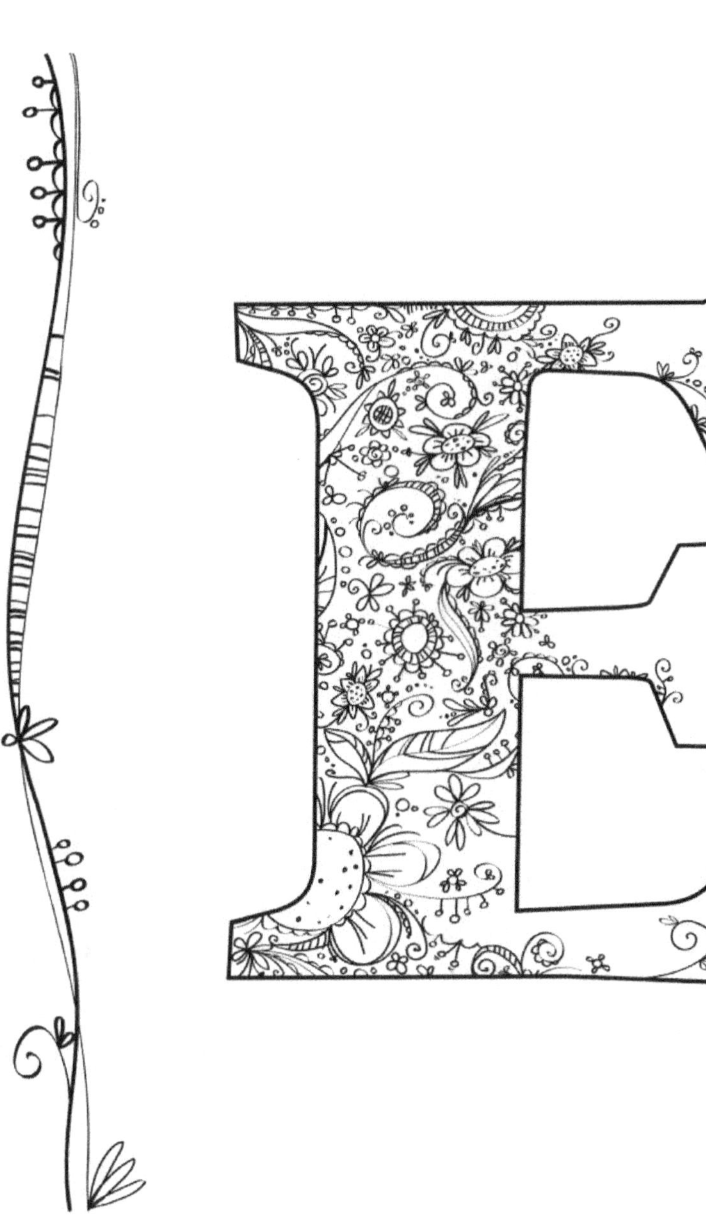

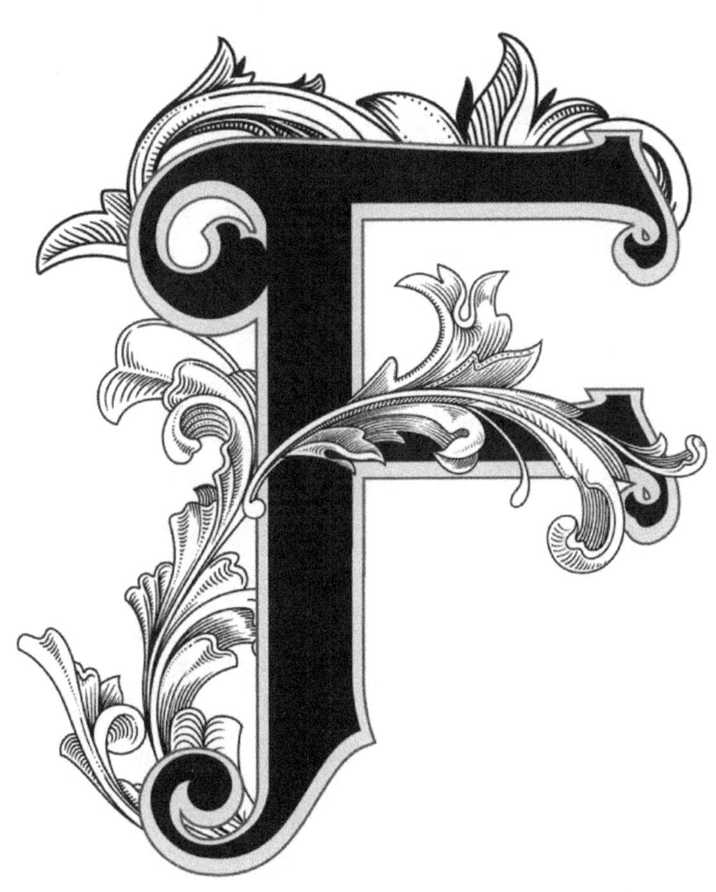

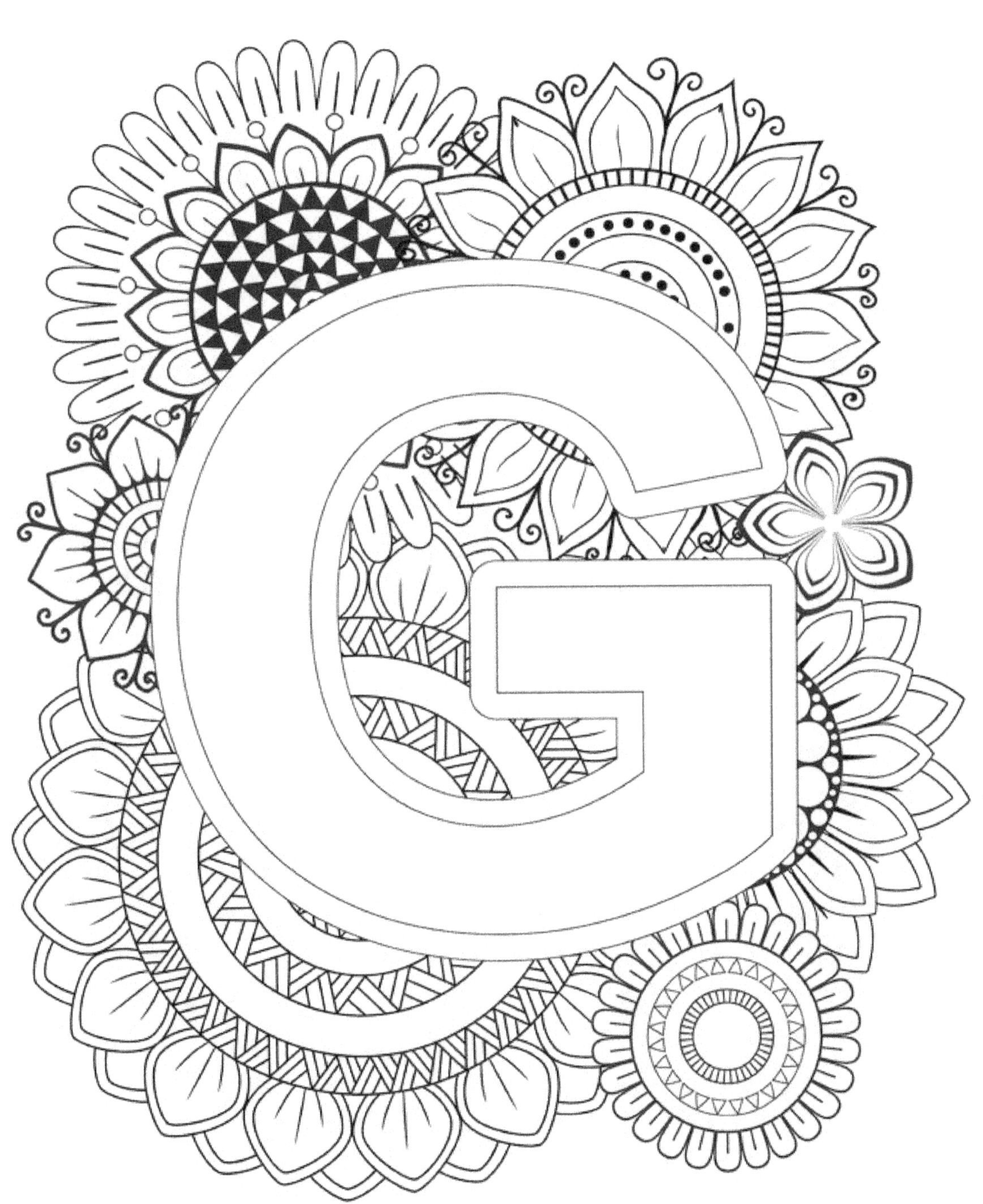

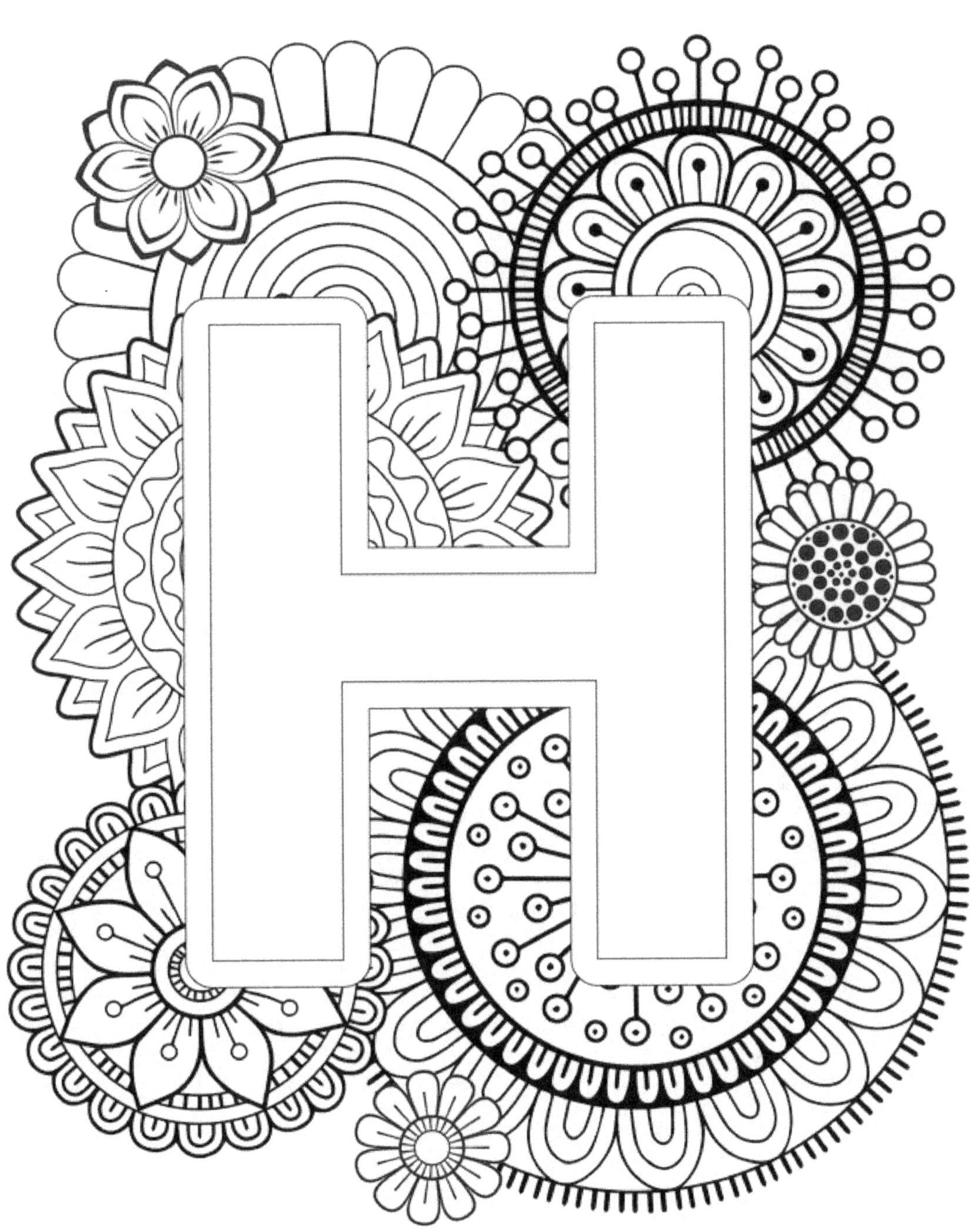

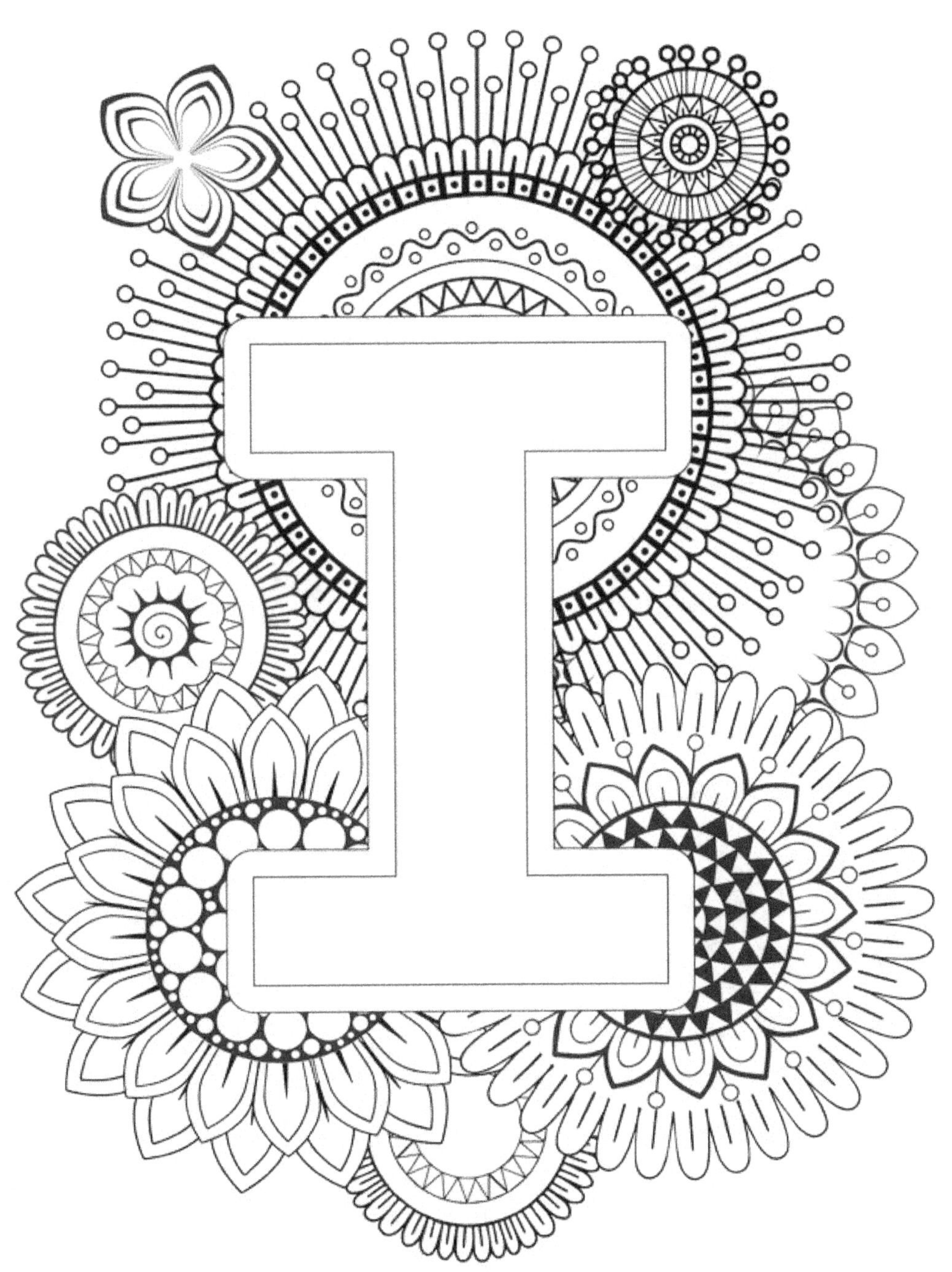

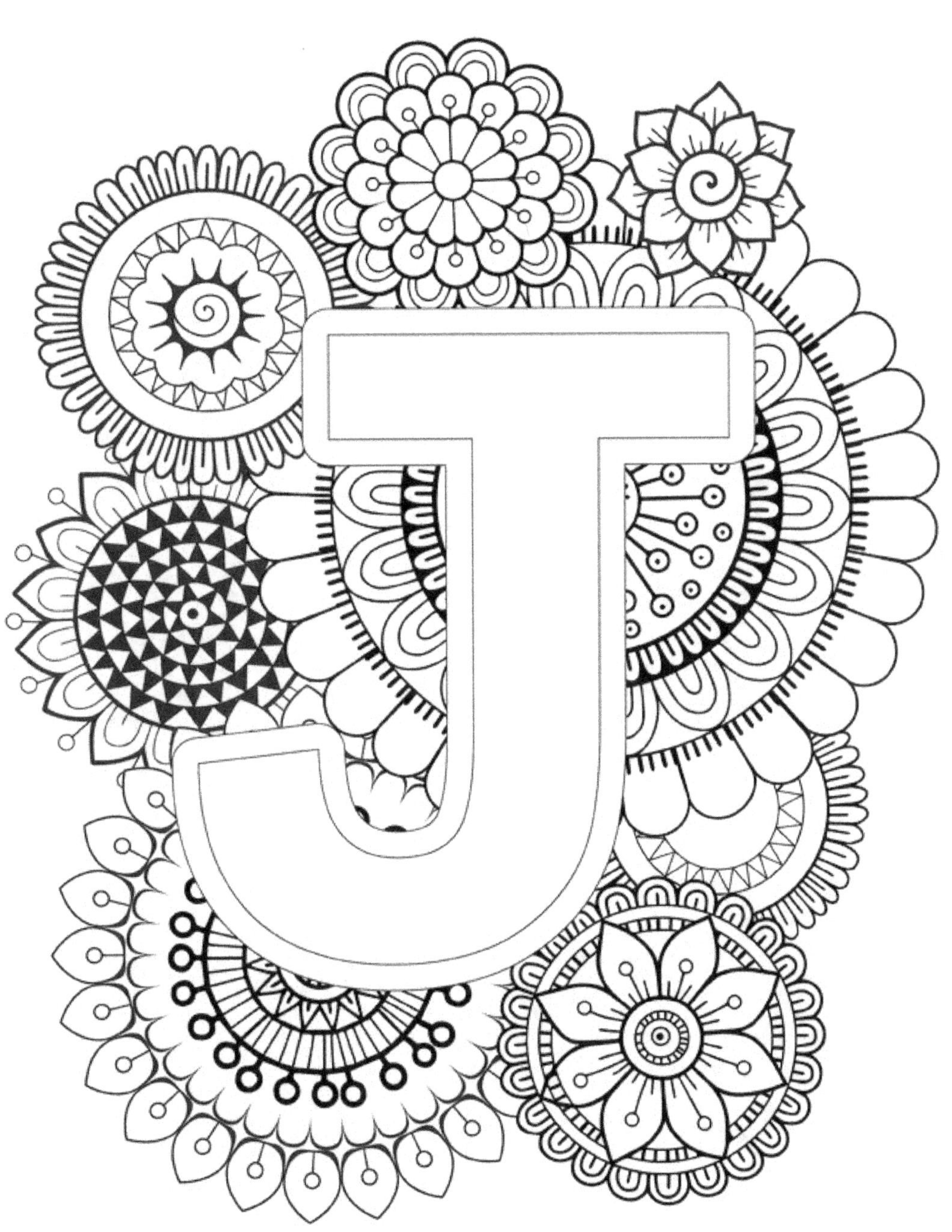

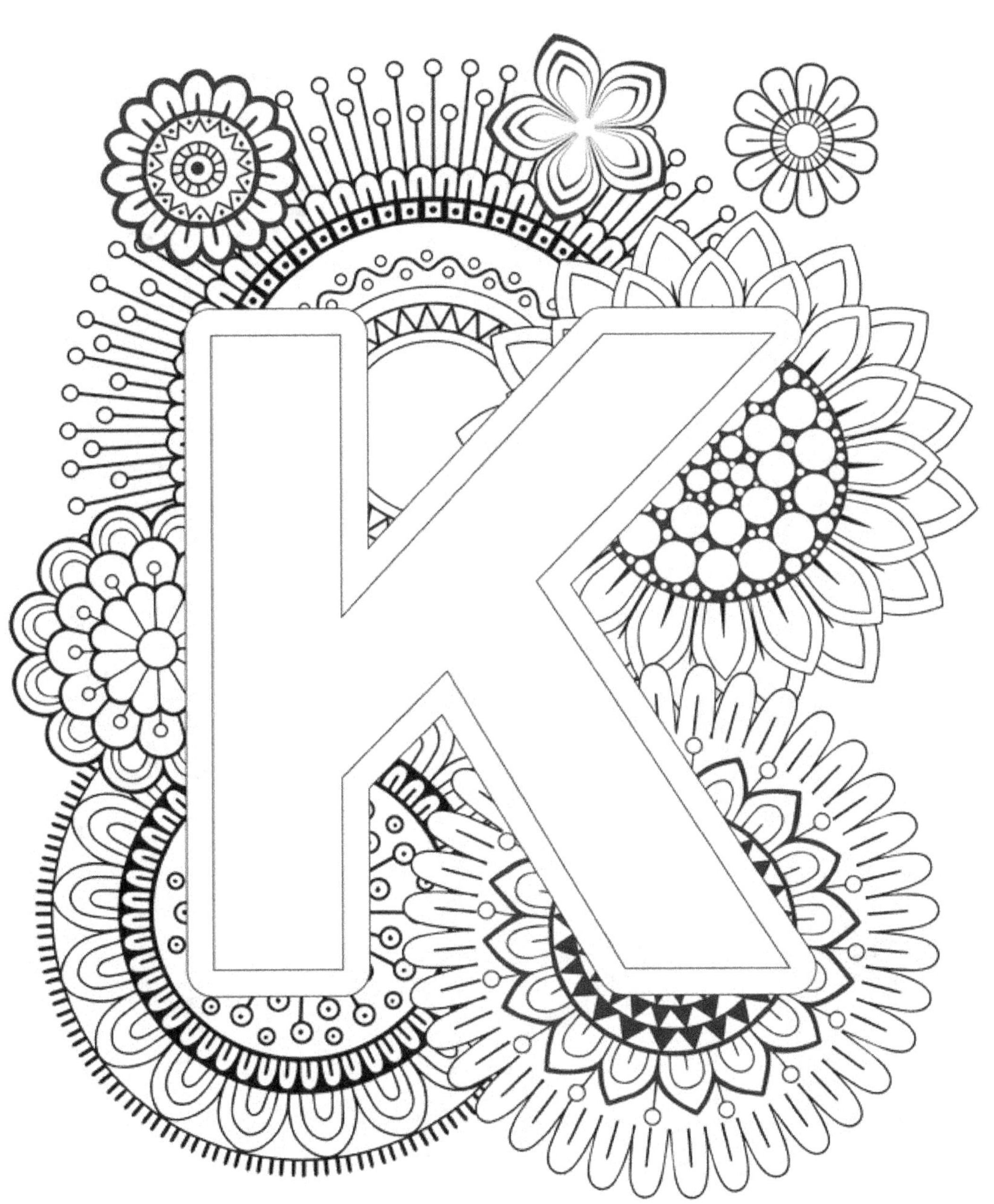

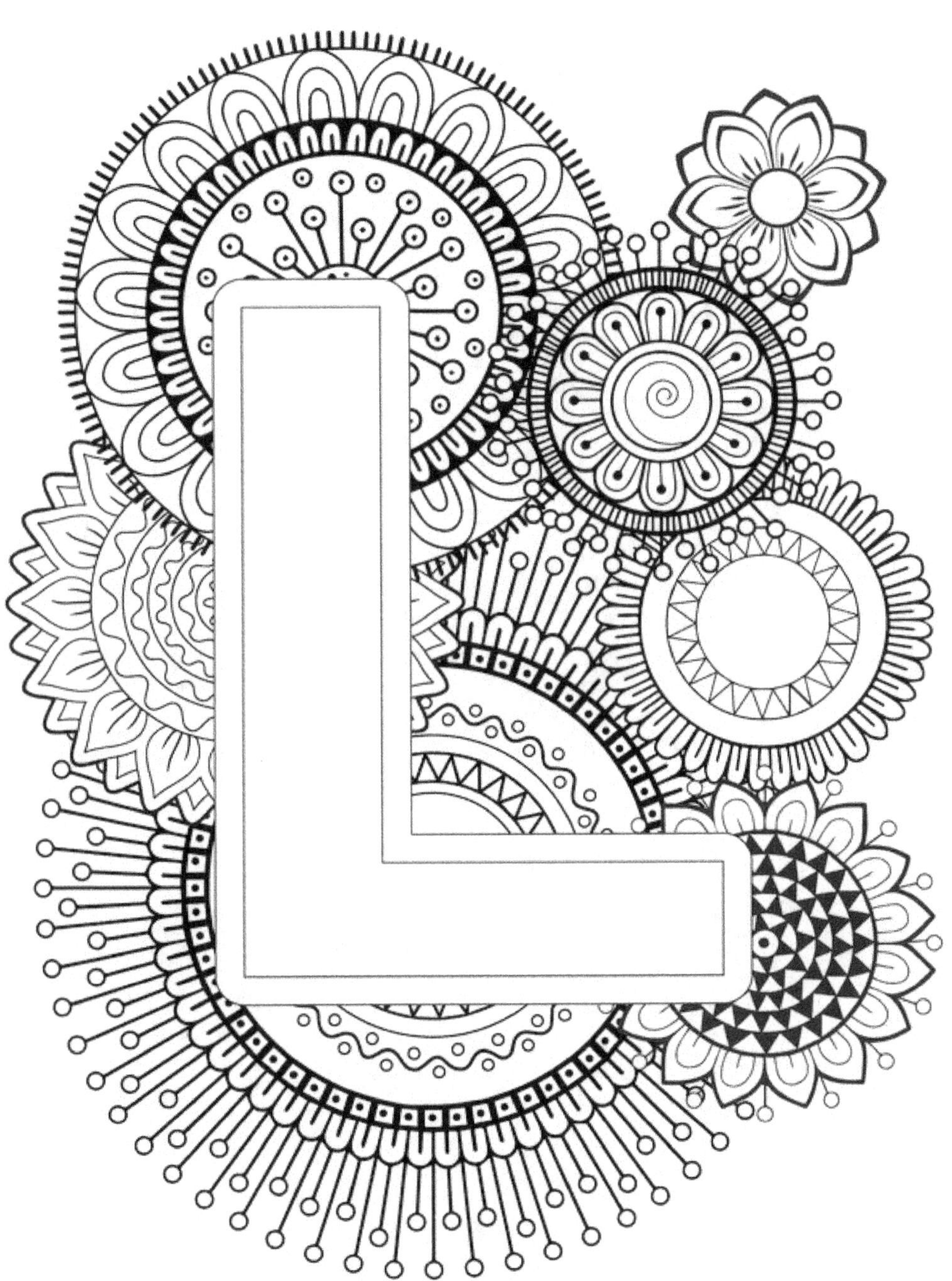

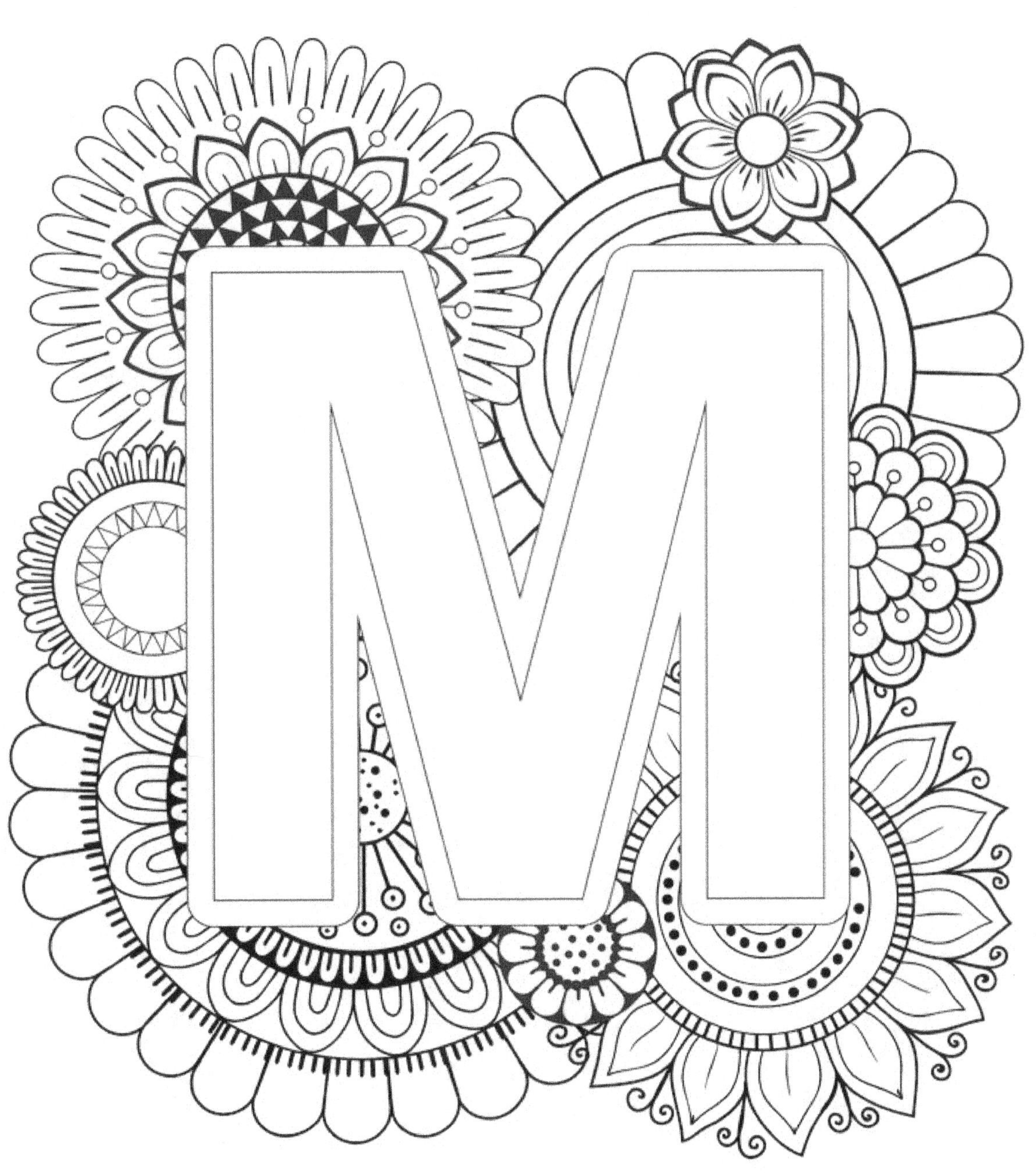

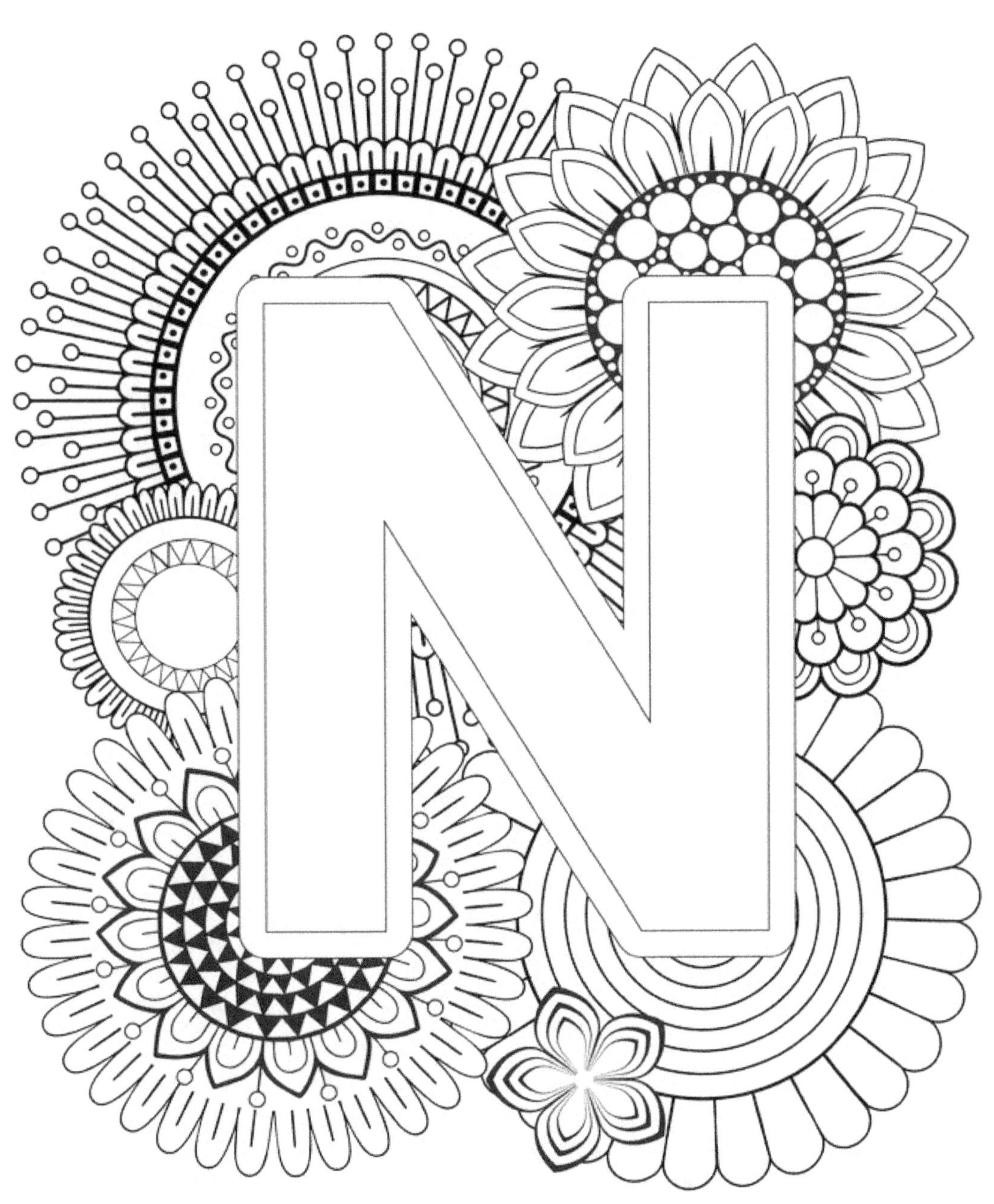

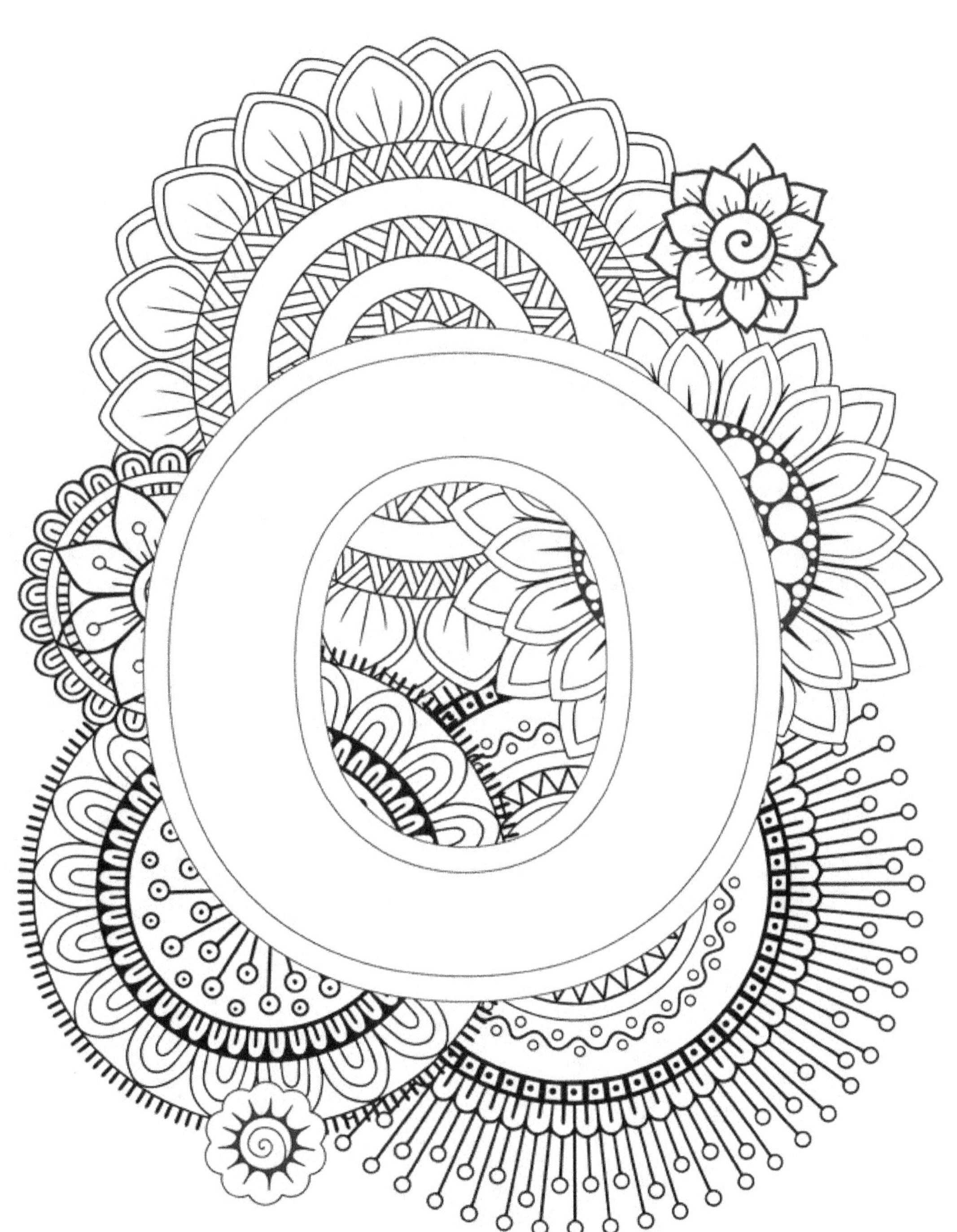

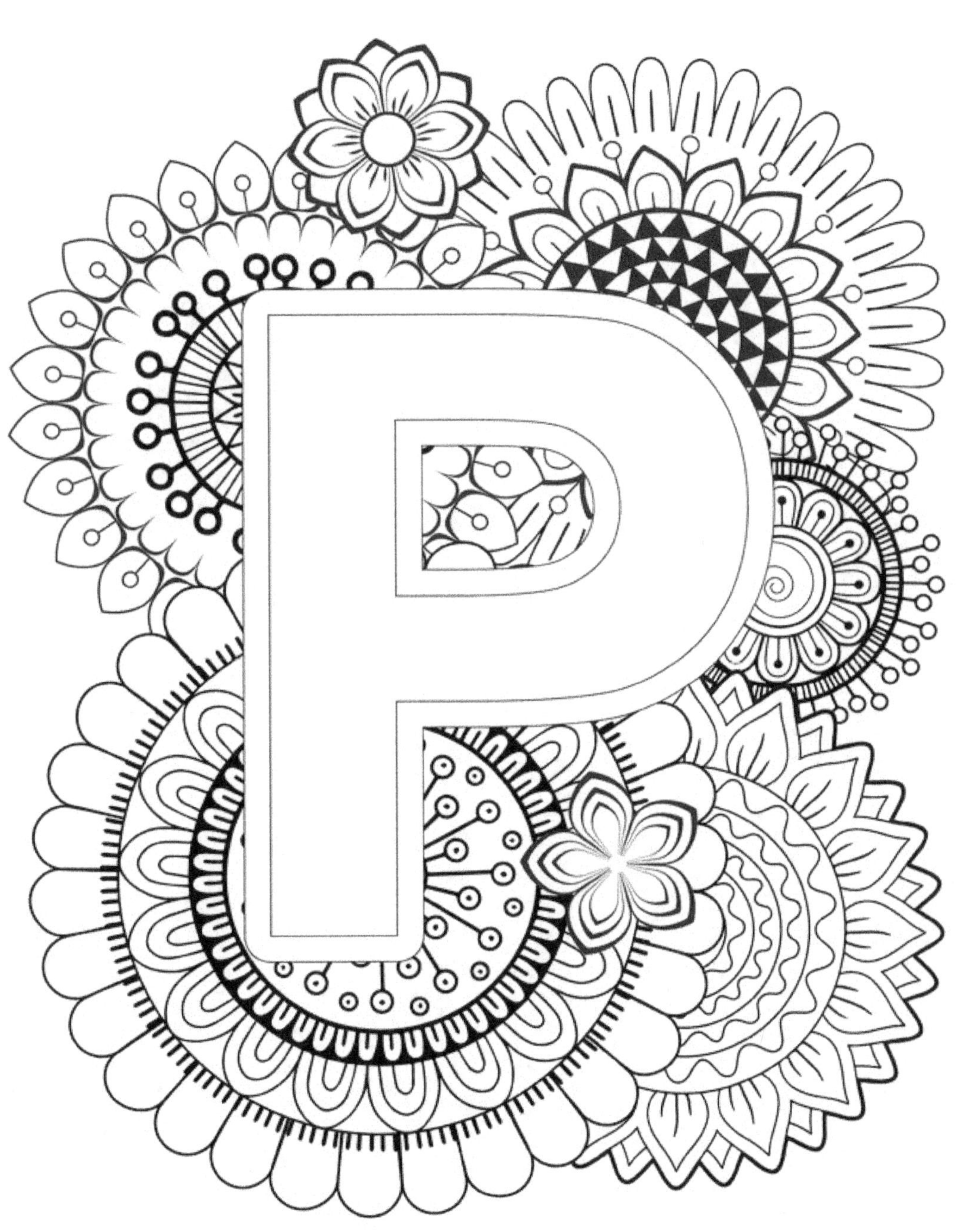

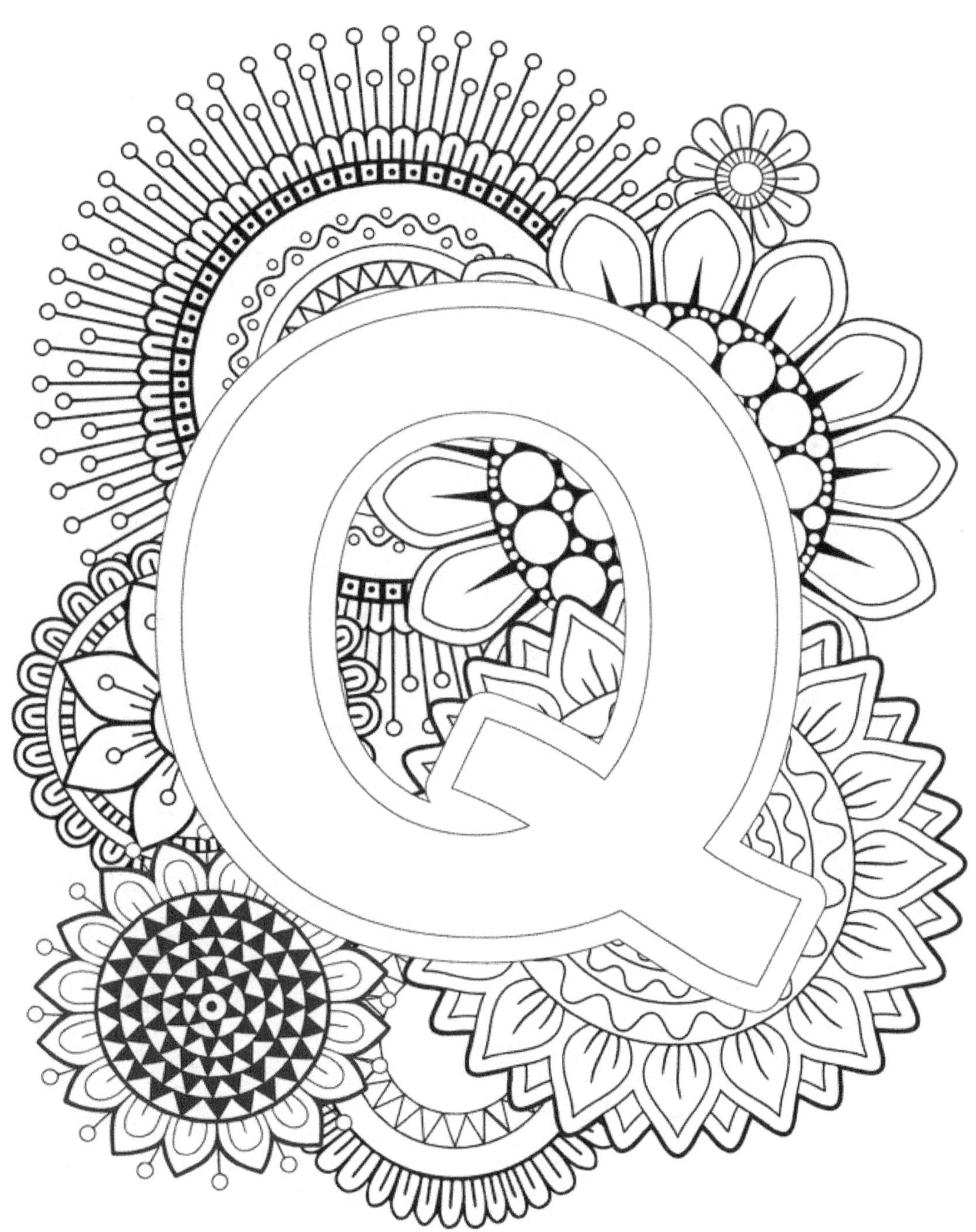

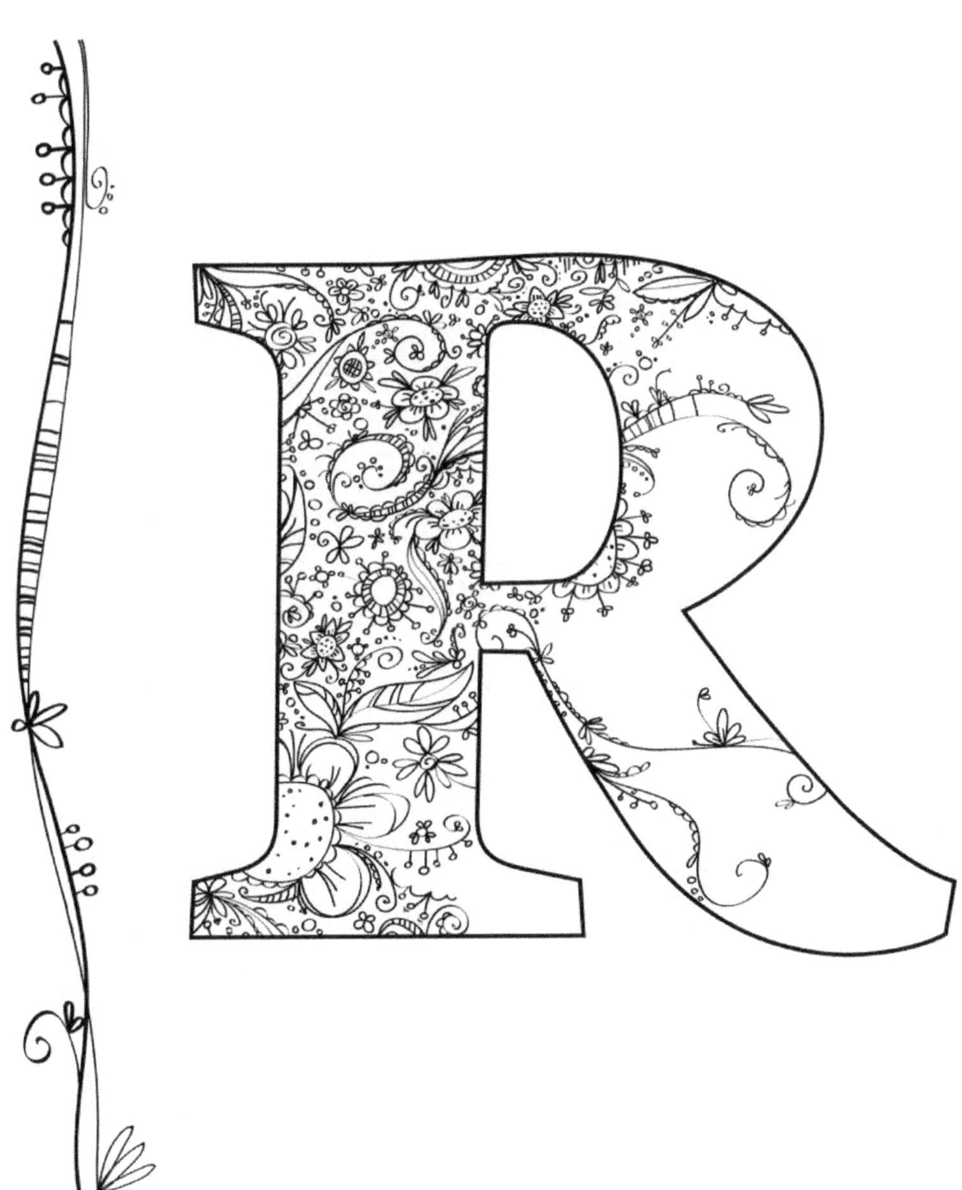

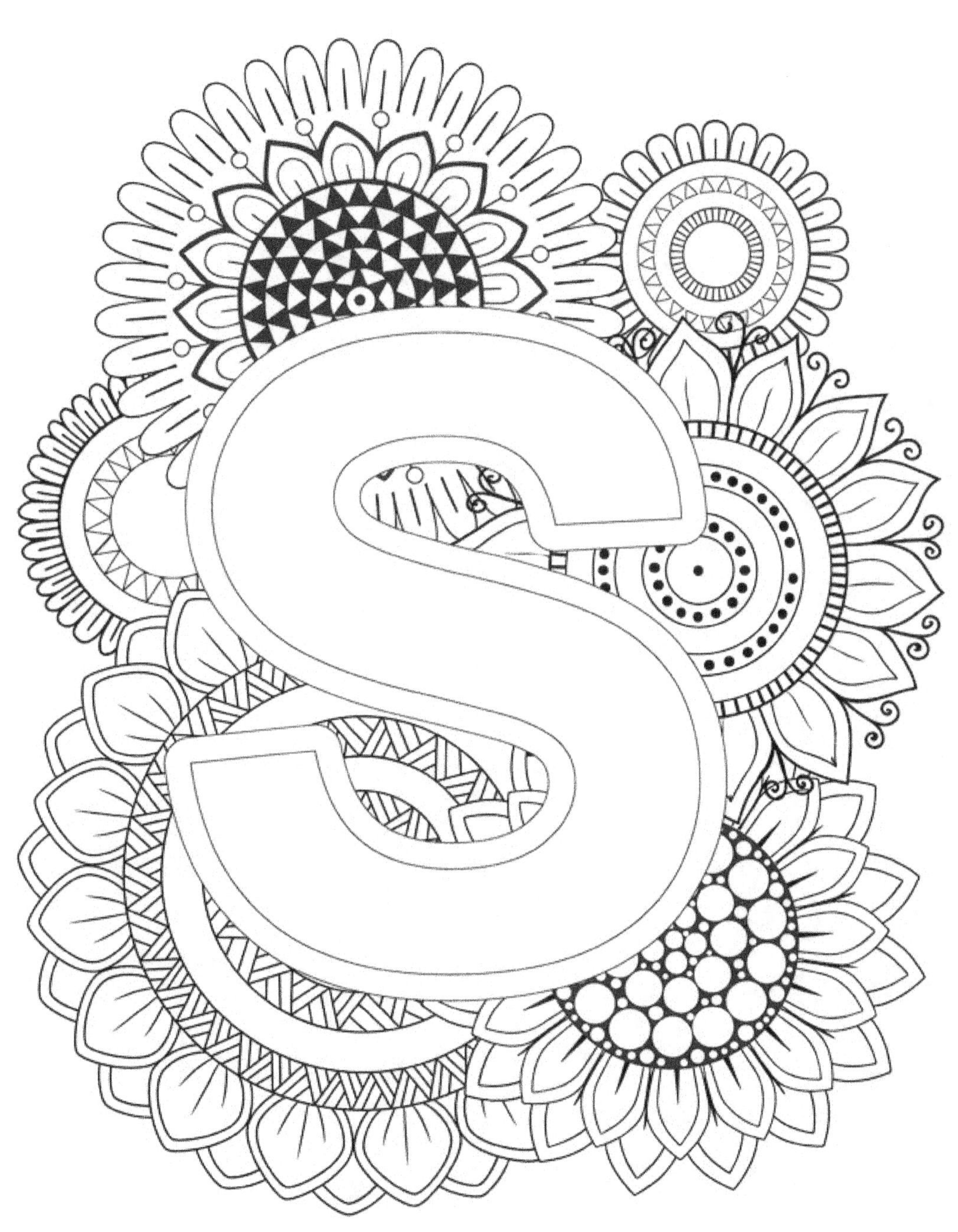

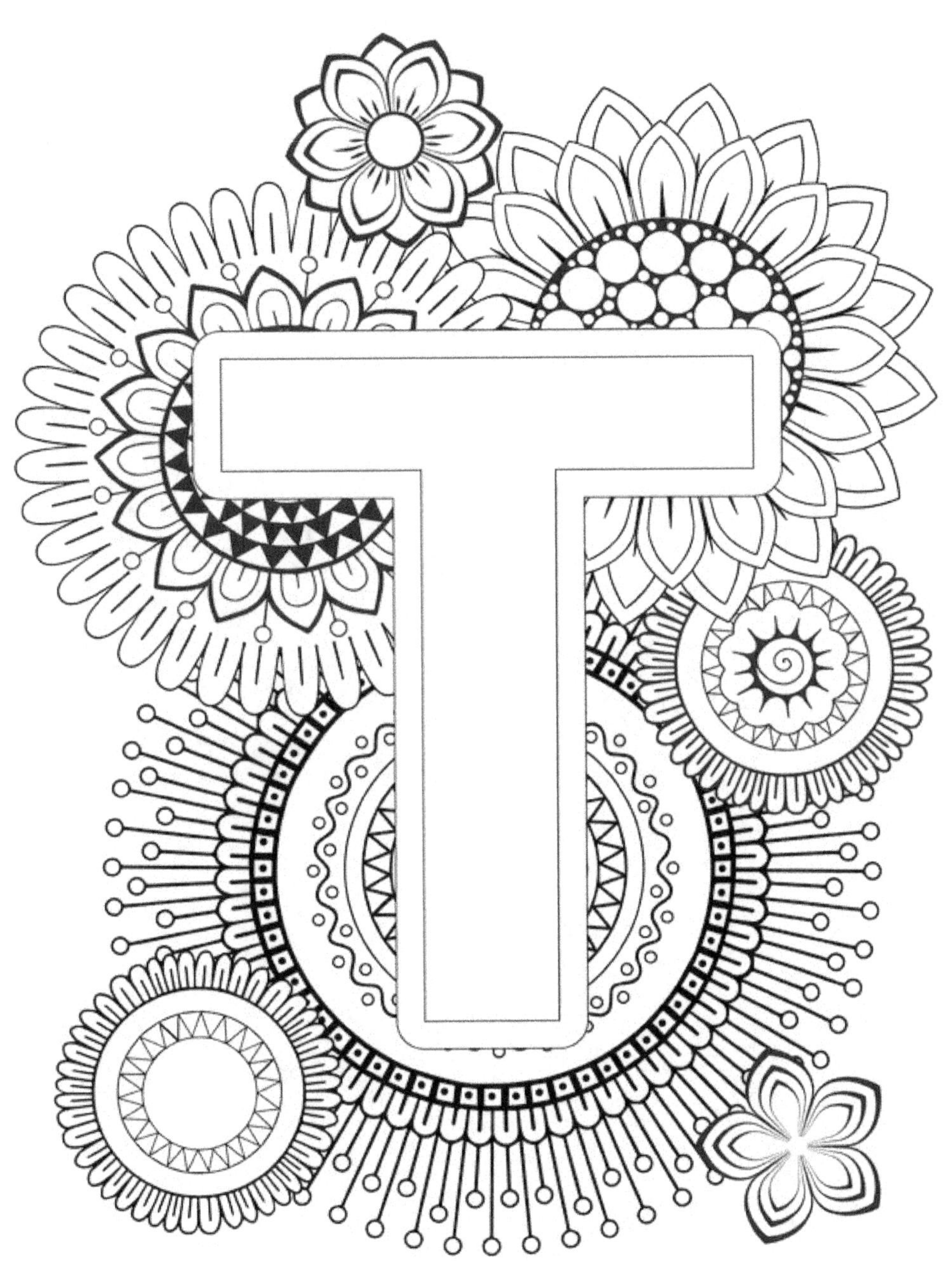

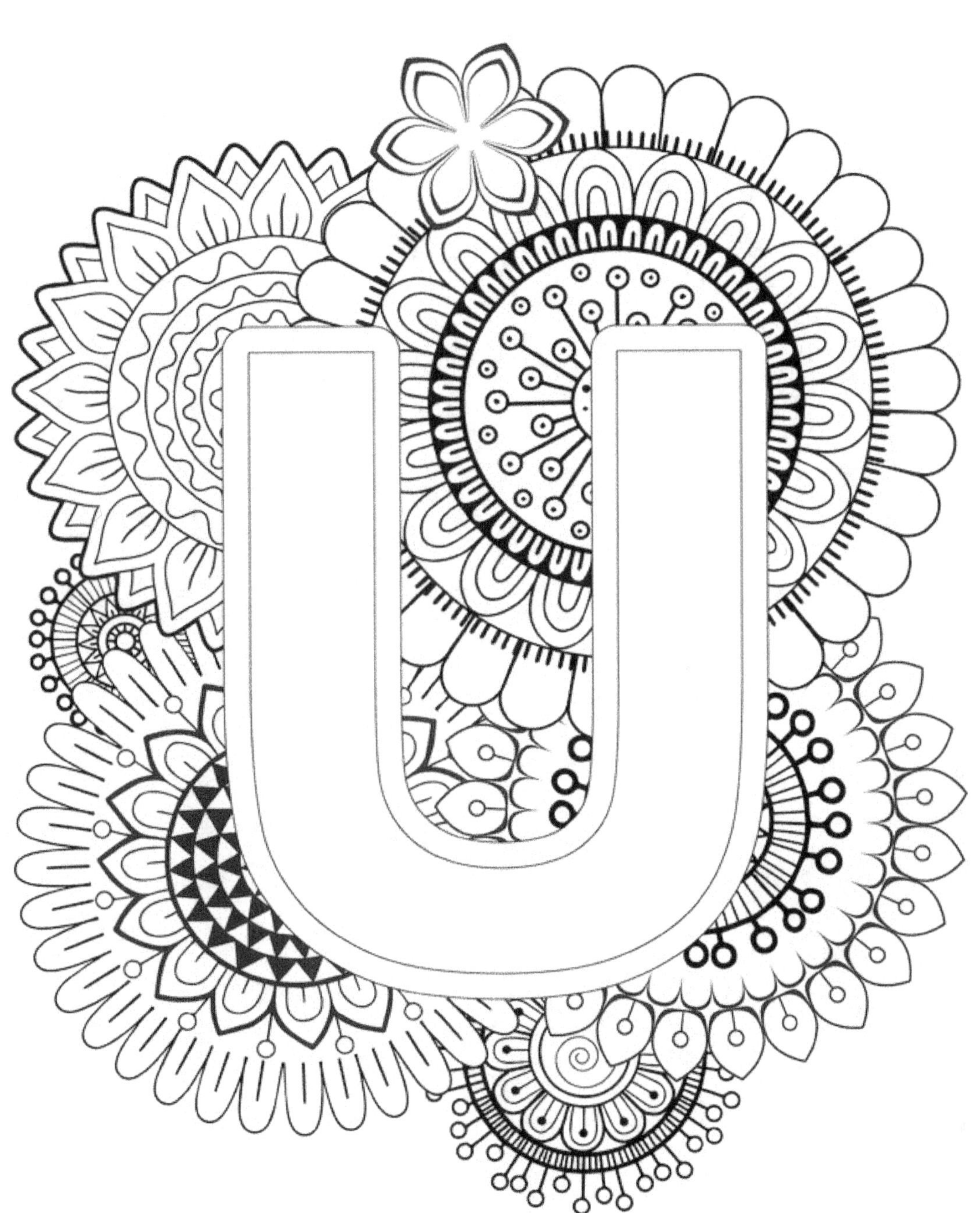

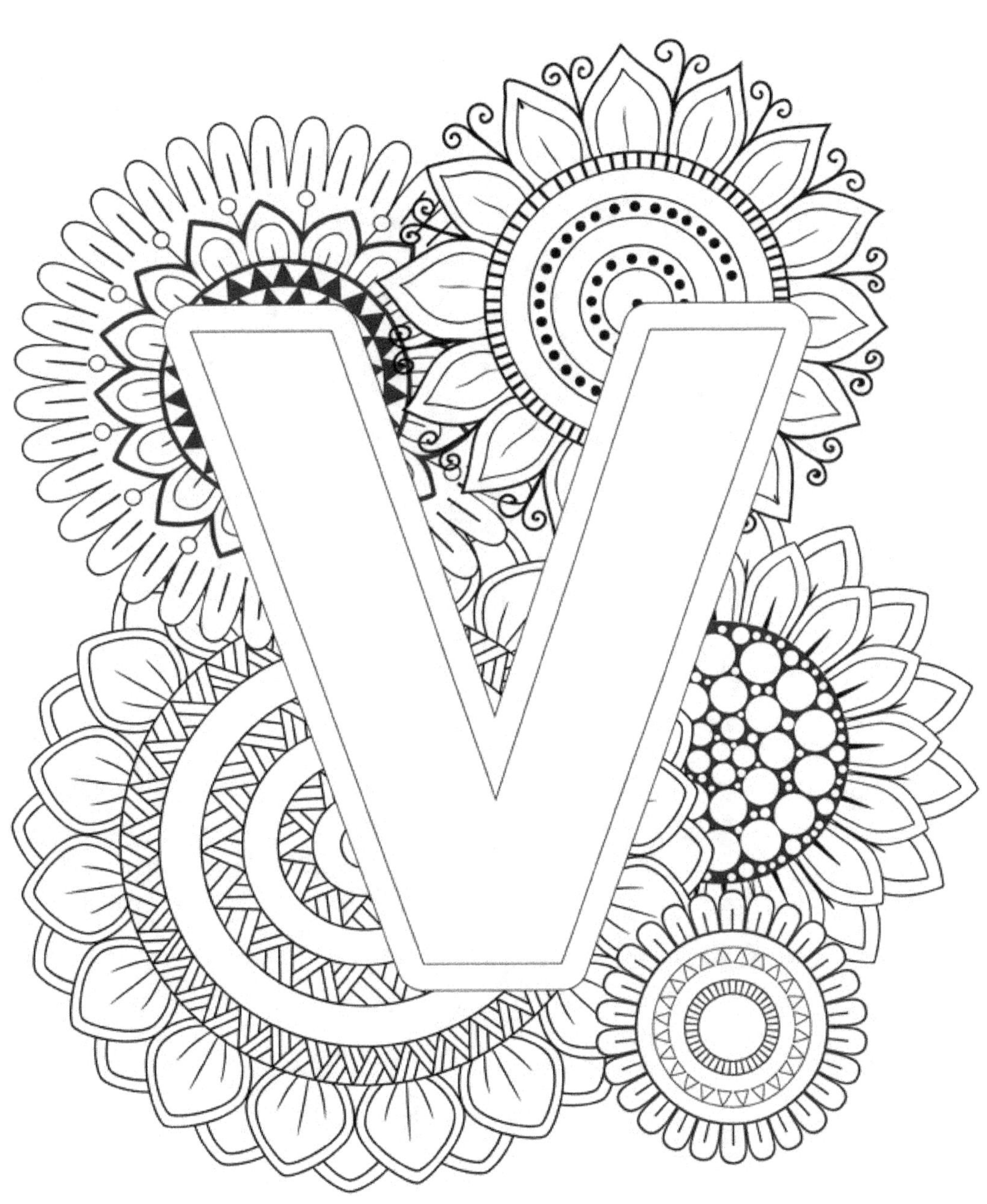

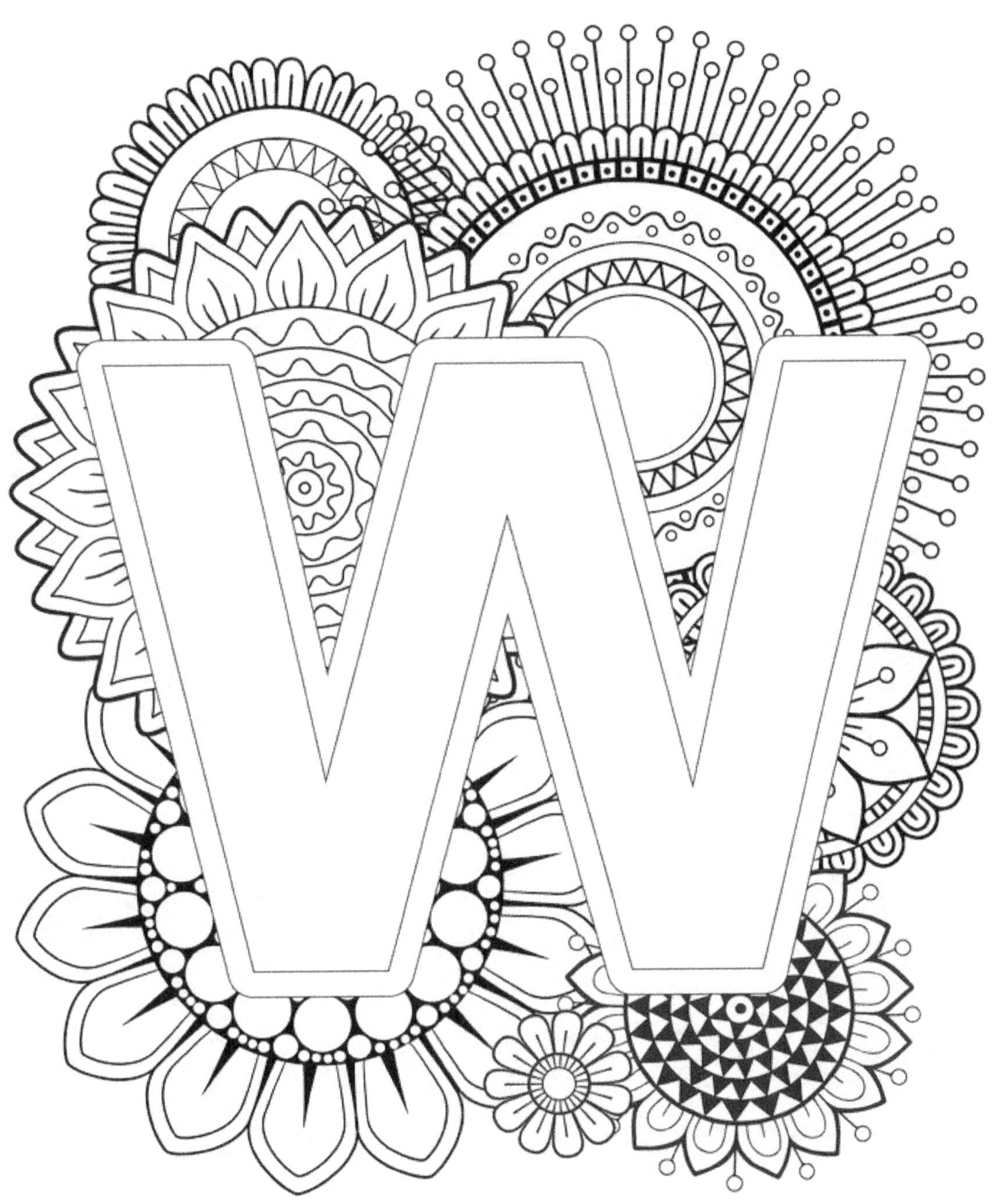

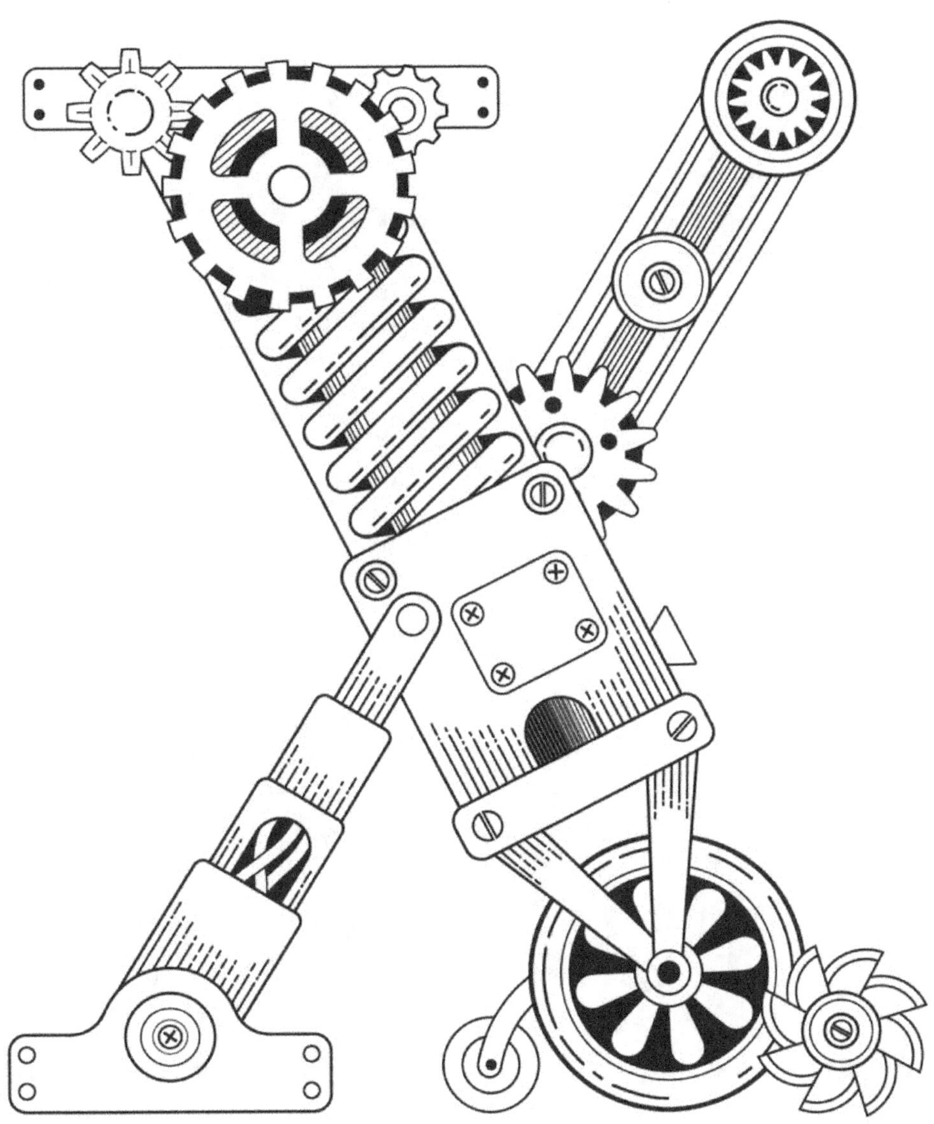

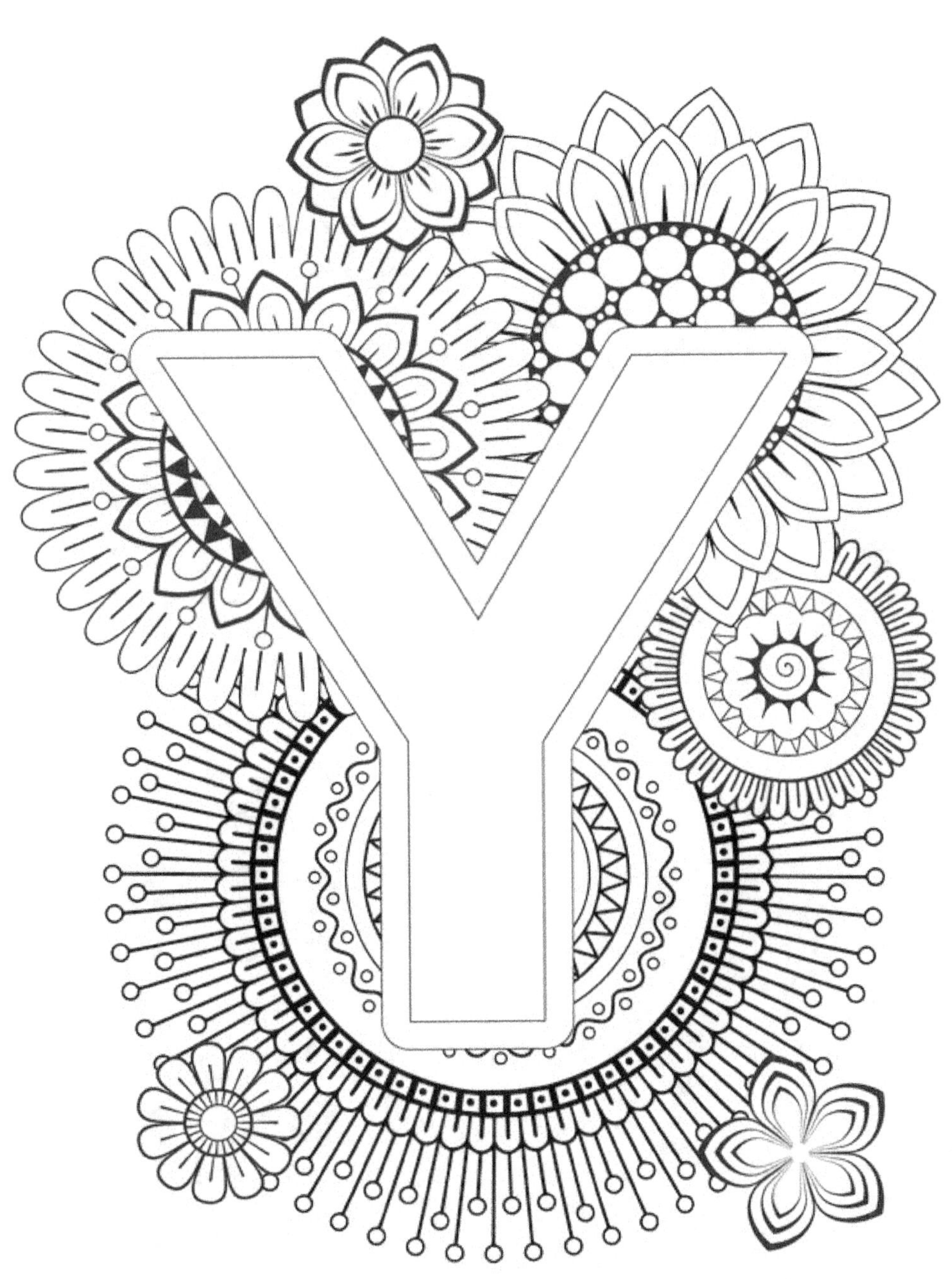

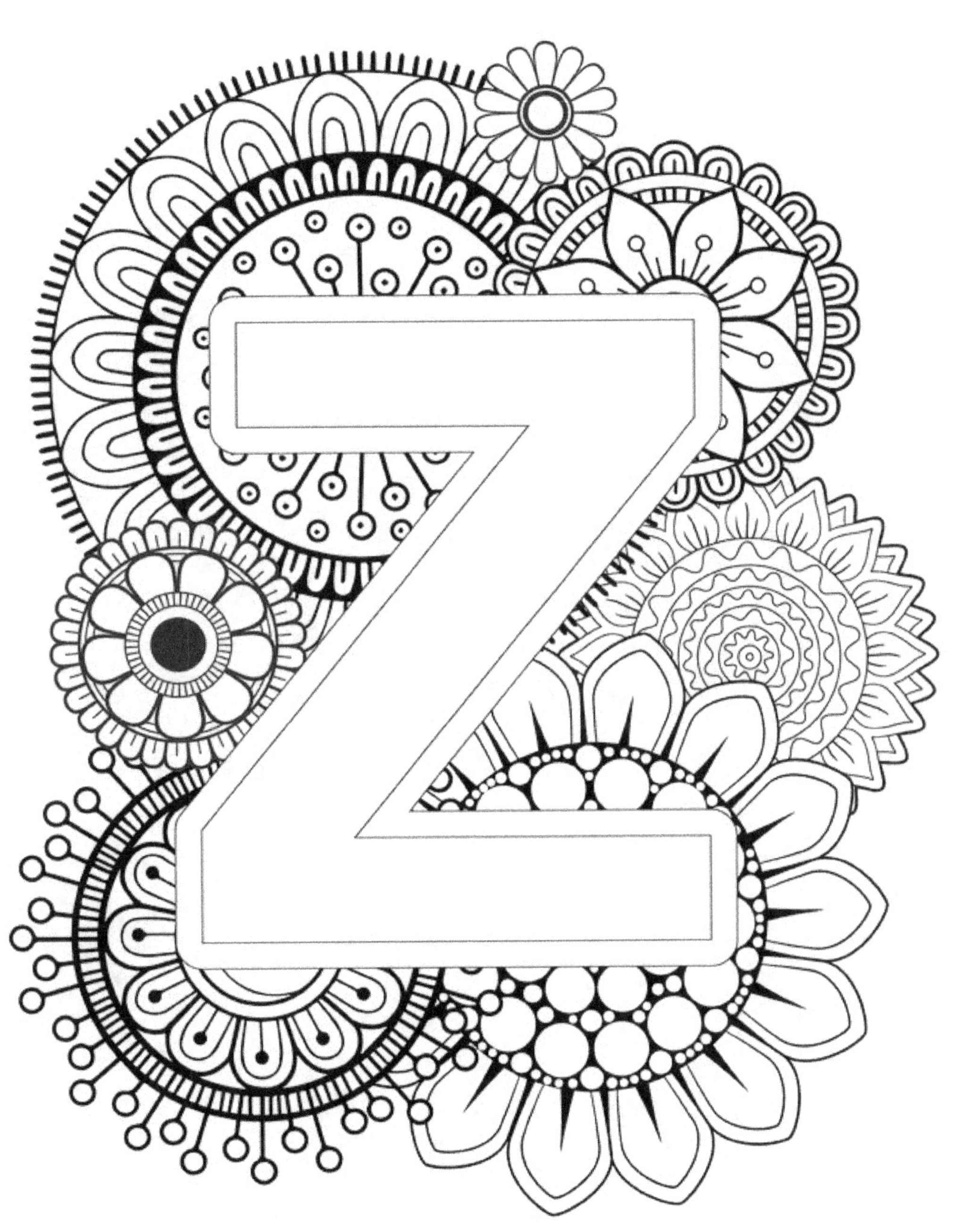

ABCDEF
GHIJKL
MNOPQR
STUVWX
YZ